# PÍLULAS DE INGLÊS

CRISTINA SCHUMACHER
Da mesma autora de *Inglês Urgente! Para Brasileiros*

PÍLULAS DE INGLÊS

Itens indispensáveis da
GRAMÁTICA:
preposições, formas verbais,
pronomes, e muito mais!

ALTA BOOKS
E D I T O R A
Rio de Janeiro, 2018

Pílulas de Inglês — Itens Indispensáveis da Gramática: preposições, formas verbais, pronomes, e muito mais!
Copyright © 2018 da Starlin Alta Editora e Consultoria Eireli. ISBN: 978-85-508-0294-7

Todos os direitos estão reservados e protegidos por Lei. Nenhuma parte deste livro, sem autorização prévia por escrito da editora, poderá ser reproduzida ou transmitida. A violação dos Direitos Autorais é crime estabelecido na Lei nº 9.610/98 e com punição de acordo com o artigo 184 do Código Penal.

A editora não se responsabiliza pelo conteúdo da obra, formulada exclusivamente pelo(s) autor(es).

Marcas Registradas: Todos os termos mencionados e reconhecidos como Marca Registrada e/ou Comercial são de responsabilidade de seus proprietários. A editora informa não estar associada a nenhum produto e/ou fornecedor apresentado no livro.

Impresso no Brasil.

Obra disponível para venda corporativa e/ou personalizada. Para mais informações, fale com projetos@altabooks.com.br

Copidesque
Carolina Menegassi Leocadio

Editoração Eletrônica
Estúdio Castellani

Revisão
Ivone Teixeira

Produção Editorial
LTC Livros Tec. Cientif. Editora Ltda – CNPJ: 33.829.698/0007-05

Erratas e arquivos de apoio: No site da editora relatamos, com a devida correção, qualquer erro encontrado em nossos livros, bem como disponibilizamos arquivos de apoio se aplicáveis à obra em questão.

Acesse o site www.altabooks.com.br e procure pelo título do livro desejado para ter acesso às erratas, aos arquivos de apoio e/ou a outros conteúdos aplicáveis à obra.

Suporte Técnico: A obra é comercializada na forma em que está, sem direito a suporte técnico ou orientação pessoal/exclusiva ao leitor.

A editora não se responsabiliza pela manutenção, atualização e idioma dos sites referidos pelos autores nesta obra.

CIP-BRASIL. CATALOGAÇÃO-NA-FONTE
SINDICATO NACIONAL DOS EDITORES DE LIVROS, RJ

S419p	Schumacher, Cristina Pílulas do inglês : itens indispensáveis da gramática : preposições, formas verbais, pronomes, e muito mais! / Cristina Schumacher. – Rio de Janeiro : Alta Books, 2018. il. ISBN 978-85-508-0294-7 1. Língua inglesa – Gramática – Estudo e ensino. I. Título.
09-2123.	CDD: 425 CDU: 811.111'36'243

Rua Viúva Cláudio, 291 — Bairro Industrial do Jacaré
CEP: 20970-031 — Rio de Janeiro - RJ
Tels.: (21) 3278-8069 / 3278-8419
www.altabooks.com.br — altabooks@altabooks.com.br
www.facebook.com/altabooks

Sumário

Introdução 3

APRENDA A IDENTIFICAR PALAVRAS QUE INTRODUZEM REFERÊNCIAS DE TEMPO E ESPAÇO

Preposições: **tempo** 8

Preposições: **espaço** 12

CONHEÇA AS PALAVRAS QUE SUBSTITUEM OU REPRESENTAM COISAS, PESSOAS, LUGARES, ACONTECIMENTOS, SUBSTÂNCIAS, QUALIDADES

Pronomes **pessoais** 18

Pronomes **objetos** 21

COMO EXPRESSAMOS A QUEM OU A QUE PERTENCEM AS COISAS

A quem pertencem as coisas: **'s** 26

Adjetivos **possessivos** 28

Pronomes **possessivos** 31

ESTRUTURAS DIFERENTES DE PORTUGUÊS

Perguntas: **do**	36
Perguntas no passado: **Did**	39
No × **Not**	43
Negando: **do not**	47
Negando no passado: **did not**	51

BUSCANDO INFORMAÇÕES

what, who, where, when, how, why, Which	56

RELACIONANDO INFORMAÇÕES

Conectores I	60
Conectores II	64
Conectores III	68

INTENSIFICADORES – PALAVRAS QUE INTENSIFICAM AS CARACTERÍSTICAS (ADJETIVOS)

very, too	72

QUANTIFICADORES – PALAVRAS QUE INDICAM A QUANTIDADE/ABRANGÊNCIA DAS COISAS (SUBSTANTIVOS)

some, any	76
a lot of, all, each/every	79
few/little, less	81
many/much, more	84

VERBOS ESSENCIAIS

to **be**	88
to **have**	91

VERBOS NO PASSADO

Irregulares × Regulares – **o passado**	96
Irregulares **com as formas iguais** no passado	99
Irregulares que terminam em **-d** no passado	102
Irregulares que terminam em **-t** no passado	106
Irregulares que terminam em **-ght** no passado	110
Irregulares que terminam em **-ew** no passado	113
Irregulares que terminam em **-a** + consoante(s) no passado	116
Irregulares que terminam em **-e** no passado I	119
Irregulares que terminam em **-e** no passado II	121
Irregulares **com terminações diversas** no passado	124

O FUTURO

will	128
going to	132

MODIFICANDO AS AÇÕES

Expressando capacidade: **can**	136
Expressando obrigação, necessidade: **have to**	140

Pílulas de Inglês

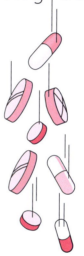

Introdução

Este livro integra uma **coleção** que tem por objetivo primeiro ajudar os aprendizes e candidatos a aprendizes do inglês que, por motivos diversos, como falta de tempo, motivação ou recursos, adiam seus estudos. Pela **forma inovadora, simplificada e diversificada** como são apresentados os conteúdos, até um leitor de nível avançado terá o que aprender. Do mesmo modo, leitores de todos os níveis podem se beneficiar, pois esta coleção aborda de uma maneira diferente um assunto que parecia já desgastado: o **autoestudo do inglês pelo aprendiz brasileiro**. Apesar desse desgaste, e talvez em virtude dele, o inglês não se torna menos necessário para nós que **desejamos estar a par do que ocorre no mundo em sua versão original**. Afinal, todos sabemos que hoje quase tudo está mais ricamente disponível em inglês.

E por onde começar senão por **pequenas porções de informações** que podem ser obtidas ao longo do dia, em meio a outras tarefas, a longo prazo e de modo descompromissado? As **pílulas** foram formuladas com essa abordagem para **desmistificar a aprendizagem e aproximar o leitor de um conhecimento maior do idioma**, que já define desde oportunidades profissionais até nosso nível de informação e atualização.

As situações de uso são deliberadamente fáceis e as explicações, simplificadas. É verdade que os fatos da língua são muitas vezes intrincados e repletos de detalhamentos e pequenas regras, mas o que pode ser determinado como ocorrendo genérica ou amplamente, que é o proposto aqui, permanece também um fato, com o benefício de facilitar a aproximação do aprendiz ao conteúdo estudado. Assim, também os usuários e aprendizes com maior dificuldade podem começar a compreender o que até então tinha sido complexo demais para o seu momento de aprendizagem.

Cada pílula vem seguida de um exercício fácil e divertido, no estilo passatempo. Muitos itens abordados na coleção merecem uma quantidade bem maior de exercícios e prática, mas eles estão mais destinados a uma **explicação breve, abrangente e simplificada** do que à fixação propriamente dita. Será um reforço para os que já conhecem o assunto em questão, um primeiro contato para os que nunca viram e uma chance de aprender melhor para quem já viu, mas não saberia apontar as relações e exemplos que uma determinada pílula traz ou explora.

Neste volume são apresentados alguns tópicos essenciais da gramática, como pronomes, preposições, tempos verbais, dentre outros. Não se trata de uma abordagem exaustiva, sendo seu principal objetivo sumarizar e tornar mais digerível parte daquilo que é fundamental saber sobre a estrutura da língua inglesa. Um objetivo importante deste livro é **simplificar para compreender tópicos básicos da gramática**, para torná-los acessíveis até mesmo àqueles que desistiram de aprender inglês por acharem que se trata de conteúdo indigesto.

As **citações** ao longo dos tópicos pretendem entreter o leitor, levá-lo a refletir e sobretudo a ver uma ou mais palavras em questão sendo usadas em uma situação real, com um sentido definido, claro e que auxilie na veiculação de **uma mensagem interessante, profunda ou divertida**. As traduções das citações são as mais literais possíveis, para permitir um aprendizado adicional livre a partir delas.

Aliás, as traduções são quase sempre, aqui e em qualquer lugar, uma escolha. E, se muitas palavras estão fora de contexto de uso – como é seguidamente o caso aqui, porque as palavras aparecem em listas –, maior ainda deve ser a cautela ao atribuir-lhes um significado fixo.

Em cada pílula são apresentados alguns conteúdos correlatos para **referência cruzada** neste volume, ou seja, se algum aspecto pode ser melhor compreendido com a leitura adicional de determinada pílula, isso é indicado nas referências cruzadas. O objetivo é tentar despertar o interesse do leitor para saber mais. Mas **cada pílula foi escrita para ser lida isoladamente**, sem prejuízo da compreensão do seu tópico específico.

Se você não gosta de inglês, aqui está o livro que pode mudar isso. E, se você gosta de inglês, mas não tem tempo para fazer uma aprendizagem tradicional e ir à aula regularmente, este livro vai ajudá-lo a saber um pouco mais, mesmo sem dedicação especial ao idioma. Leve este livro com você e abra-o em qualquer página, para revisar o que você já sabe ou aprender algo importante. E tudo isso de forma prazerosa e despreocupada, para **ajudar você a ficar um pouco mais em dia com seu antigo compromisso de aprender inglês**.

Bem-vindo, então, à leitura de *Pílulas de inglês – gramática 2*, em que você encontrará conteúdos apresentados de forma simples que despertarão em você um renovado interesse pelo idioma e a sensação de que, afinal, aprender inglês não é nem tão chato nem tão difícil quanto parece.

Boa leitura!

APRENDA A IDENTIFICAR PALAVRAS QUE INTRODUZEM REFERÊNCIAS DE TEMPO E ESPAÇO

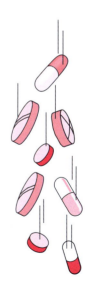

Preposições: **tempo**

- As preposições aqui vêm antes de um momento, uma data, um ponto no tempo.
- A preposição informa como devemos entender a referência a esse momento, data ou ponto no tempo; ou seja, se é "durante", "antes" ou "depois" dessa referência, por exemplo.
- Veja as preposições que mais comumente usamos com referências de tempo:

Preposição	Tradução/Explicação	Exemplos
In	Em; "*dentro dos limites de um período*"	**In 2000** (Em 2000) **In June** (Em junho) **In Summer** (No verão)
On	Em + dia	**On Sunday** (No domingo) **On Monday** (Na segunda-feira) **On Tuesday** (Na terça-feira) **On Wednesday** (Na quarta-feira) **On Thursday** (Na quinta-feira) **On Friday** (Na sexta-feira) **On Saturday** (No sábado) **On August 10** (No dia 10 de agosto)

Preposição	Tradução/Explicação	Exemplos
At	Em, a: "em um momento exato, específico"	**At 10 o'clock** (Às 10 horas) **At lunch time** (Na hora do almoço)
Before	Antes de	**Before Christmas** (Antes do Natal) **Before you get home** (Antes de você chegar em casa)
During	Durante	**During the party** (Durante a festa) **During the meeting** (Durante a reunião) **During vacation** (Durante as férias)
After	Depois de	**After lunch** (Depois do almoço) **After the break** (Depois do intervalo)

QUOTE TO MEMORIZE
Citação para memorizar

Education is what remains after one has forgotten what one has learned in school.

Educação é o que fica depois de alguém ter esquecido o que aprendeu na escola.

ALBERT EINSTEIN

Change before you have to.

Mude antes que você precise.

JACK WELCH

Assinale a resposta certa:

1. **The meeting is _____ Wednesday.** A reunião é _____ quarta-feira.

   ( ) in ( ) on ( ) at

2. **My birthday is _____ August.** Meu aniversário é _____ agosto.

   ( ) in ( ) on ( ) at

3. **He will be here _____ April 11.** Ele estará aqui _____ 11 de abril.

   ( ) in ( ) on ( ) at

4. **We were all silent _____ lunch. No one spoke.** Nós estávamos todos em silêncio _____ almoço. Ninguém falou.

   ( ) before ( ) during ( ) after

5. **We have to go back to work _____ lunch.** Nós temos que voltar para o trabalho _____ almoço.

   ( ) before ( ) during ( ) after

6. I have breakfast _____ I go to work. Eu tomo café-da-manhã _____ de ir para o trabalho.

   ( ) before   ( ) during   ( ) after

Answer key *Respostas*

1. on
2. in
3. on
4. during
5. after
6. before

> Leia também:
> Preposições: espaço
> **what, who, where, when, how, why**

Preposições: **espaço**

- As preposições aqui vêm antes de um lugar ou espaço.
- A preposição informa como devemos entender a referência a esse lugar ou espaço. Ou seja, se é "dentro", "fora", "acima" etc.
- Veja as preposições que mais comumente usamos com referências de lugar. Embora algumas referências possam ser expressas de mais de uma forma, para facilitar optamos por usar uma delas apenas:

Preposição	Tradução/ Explicação	Exemplos
In	Em; "*dentro dos limites de um período*"	**In Brazil** (No Brasil) **In São Paulo** (Em São Paulo) **In Copacabana** (Em Copacabana) **In our company** (Em nossa empresa)
On	Em; "*sobre uma superfície limitada*"	**On the monitor screen** (Na tela do monitor) **On the book page** (Na página do livro) **On the map** (No mapa) **On the street** (Na rua)

Preposição	Tradução/Explicação	Exemplos
At	Em: "em um ponto específico"	**At home** (Em casa) **At Alta Books Publishing House** (Na Editora Alta Books)
In front of	Na frente de	**The cathedral is in front of the park.** A catedral é na frente da praça.
Between	Entre	**The corridor is between the rooms.** O corredor é entre as salas.
Behind	Atrás de	**The electricity socket is behind the refrigerator.** A tomada de eletricidade é atrás do refrigerador.
Beside	Ao lado de	**The knife is beside the plate.** A faca está ao lado do prato.
Inside	Dentro de	**The drink is inside the bottle.** A bebida está dentro da garrafa.
Outside	Fora de	**The bird is free. It's outside the cage.** O pássaro está livre. Ele está fora da gaiola.
Over	Sobre; acima de	**The sky is over our heads.** O céu está sobre as nossas cabeças.
Under	Sob; embaixo de	**The book is on the floor, under the table.** O livro está no chão. Embaixo da mesa.

QUOTE TO MEMORIZE
Citação para memorizar

Don't walk in front of me, I may not follow. Don't walk behind me, I may not lead. There is only one happiness in life, to love and be loved.

Não caminhe na minha frente. Eu posso não seguir (você). Não caminhe atrás de mim. Eu posso não guiar (você). Só existe uma felicidade na vida, amar e ser amado.

GEORGE SAND

Assinale a resposta certa:

1. **A mistake _____ a page.** Um erro _____ uma página.

   ( ) under ( ) in front of ( ) on

2. **A face _____ a mirror.** Um rosto _____ um espelho.

   ( ) over ( ) in front of ( ) beside

3. **Clouds _____ the city.** Nuvens _____ a cidade.

   ( ) under ( ) in front of ( ) over

4. **The fish lives _____ the water surface.** O peixe vive ____ superfície da água.

   ( ) over ( ) under ( ) beside

5. **The batteries are _____ the case.** As baterias estão _____ estojo.

   ( ) under ( ) inside ( ) on

6. **There is little space _____ the lines.** Existe pouco espaço ____ as linhas.

   ( ) in ( ) in front of ( ) between

7. **Many animals live _____ the jungle.** Muitos animais vivem ____ selva.

   ( ) under ( ) beside ( ) in

8. **The roots are _____ the ground.** As raízes estão _____ solo.

   ( ) under ( ) at ( ) on

9. **There is a shadow _____ the tree.** Existe uma sombra _____ árvore.

   ( ) behind ( ) under ( ) in

10. **The store is _____ 321, ABC Street.** A loja é na rua ABC, _____ 321.

    ( ) over ( ) beside ( ) at

Answer key *Respostas*

1. on
2. in front of
3. over
4. under
5. inside
6. between
7. in
8. under
9. behind
10. at

Leia também:
Preposições: tempo
what, who, where, when, how, why

CONHEÇA AS PALAVRAS QUE SUBSTITUEM OU REPRESENTAM COISAS, PESSOAS, LUGARES, ACONTECIMENTOS, SUBSTÂNCIAS, QUALIDADES

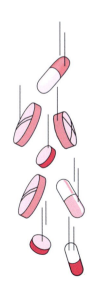

Pronomes **pessoais**

- Como nos referimos a nós mesmos, aos outros, às coisas quando não usamos nomes?

Eu	I
Você	You
Ele, ela, qualquer coisa	He, she, it
Nós	We
Vocês	You
Eles/Elas, quaisquer coisas	They

- O inglês não mostra, dentro das frases, se os substantivos são masculinos ou femininos. Ou seja, não existem artigos ou palavras que antecedem os substantivos para indicar se o substantivo é masculino ou feminino. Por isso, qualquer coisa em número de 1 é tratada como **it** quando já se falou dela e se faz menção a ela novamente. O mesmo vale para o plural.

The sky is blue. It is beautiful.
O céu é azul. Ele é bonito.

Clouds are white. They cover the sun.
As nuvens são brancas. Elas cobrem o sol.

- **He** e **she**, ele e ela, são para as pessoas apenas.

QUOTE TO MEMORIZE
Citação para memorizar

First they ignore you, then they laugh at you, then they fight you, then you win.

Primeiro eles ignoram você, depois eles riem de você, depois combatem você, depois você vence.

MAHATMA GANDHI

Complete as lacunas com um dos pronomes, conforme o exemplo.

Exemplo: May I say what I think?
Posso dizer o que eu penso?

1. **You and I have the same plans. _____ should talk more.**
   Você e eu temos os mesmos planos. _____ deveríamos conversar mais.

2. **Sonia has alektorophobia. _____ is afraid of chickens.**
   Sônia tem alectorofobia. _____ tem medo de galinhas.

3. **Chickens are domestic animals. _____ have feathers.**

 Galinhas são animais domésticos. _____ têm penas.

4. **João has alliumphobia. _____ is afraid of garlic.**

 João tem alhofobia. _____ tem medo de alho.

5. **Garlic is good. _____ has healing properties.**

 Alho é bom. _____ tem propriedades curativas.

6. **_____ probably are a Brazilian citizen.** _____ provavelmente é um cidadão brasileiro.

Answer key *Respostas*

1. We
2. She
3. They
4. He
5. It
6. You

> Leia também:
> **Pronomes objetos**

Pronomes **objetos**

- Quando nós mesmos, os outros e as coisas em geral estão nas frases e expressões participando das ações e não as realizando (função de sujeito), a forma que usamos, além do uso do nome, é a seguinte. Os exemplos de uso traduzidos estão ao lado:

Me	**I am looking at you now.** Eu estou olhando para você agora. **Excuse me.** Desculpe-me. **Come with me!** Venha comigo!
You	**I love you!** Eu te amo! *ou* Amo você! **I can give you another example.** Posso lhe dar outro exemplo.
Him, her, it	**Give him time.** Dê tempo para ele. *ou* Dê-lhe tempo. **Give her time.** Dê tempo para ela. *ou* Dê-lhe tempo. **Watch her sing.** Veja-a cantar. *ou* Veja ela cantar. **The dog is hungry. Give it some food.** O cachorro está com fome. Dê-lhe um pouco de comida. *ou* O cachorro está com fome. Dê um pouco de comida para ele.
Us	**Tell us a story!** Conte uma história para nós! *ou* Conte-nos uma história! **Come with us!** Venha conosco!

You	**I love you all!** Amo vocês todos!
Them	**Give them time.** Dê tempo para eles. *ou* Dê-lhes tempo.

- Como se vê, seguidamente essas palavras podem ser traduzidas de mais de uma forma em português, por isso é melhor vê-las "em ação" e compreendê-las caso a caso.

QUOTE TO MEMORIZE
Citação para memorizar

If you have an enemy, then learn and know your enemy, don't just be mad at him or her.

Se você tem um inimigo, então aprenda e conheça seu inimigo, não apenas fique bravo com ele ou com ela.

Denzel Washington

Assinale a resposta certa, marcando aquilo a que o pronome se refere em cada frase.

Exemplo: Listen to me!

- **a)** (X) Pessoa que fala
- **b)** ( ) Pessoas que ouvem
- **c)** ( ) Uma mulher

1. **Give it to the child.**
    a) ( ) Pessoa que fala.
    b) ( ) Alguma coisa.
    c) ( ) Uma criança.

2. **Come visit us in Alaska!**
    a) ( ) Pessoas que falam ou quem as representa.
    b) ( ) Algumas coisas.
    c) ( ) Um homem.

3. **Pedro visited them in Alaska in 2000.**
    a) ( ) Pessoas que falam ou quem as representa.
    b) ( ) Pessoas de quem se está falando.
    c) ( ) Algumas coisas.

4. **This company e-mails you everyday.**
    a) ( ) Pessoa que fala.
    b) ( ) Pessoa com quem se fala.
    c) ( ) Pessoas com que se fala.

Answer key Respostas

1. (b) – Dê (isso) para a criança.
2. (a) – Venha visitar-nos no Alasca.
3. (b) – Pedro visitou-os no Alasca em 2000.
4. (b) e (c) – Esta empresa manda e-mails para você(s) todos os dias.

Leia também:
Pronomes pessoais

COMO EXPRESSAMOS A QUEM OU
A QUE PERTENCEM AS COISAS

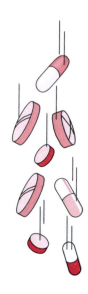

A quem pertencem as coisas: 's

- O uso de um apóstrofo ou de apóstrofo + **s** indica que o que aparece depois do apóstrofo e do s pertence ao que vem nomeado antes. Para ser esse o caso, o que vem antes tem de ser um nome, um substantivo, e não um pronome (**it, she, he** etc.).

Cristina's book	Livro da Cristina
Brazil's development	Desenvolvimento do Brasil
Students' progress	Progresso dos alunos
The Simpsons' family	A família Simpson
My brother's friend's car	O carro do amigo do meu irmão
My brothers' friends' car	Os carros dos amigos dos meus irmãos

QUOTE TO MEMORIZE
Citação para memorizar

History is a people's memory, and without a memory, man is demoted to the lower animals.

A história é a memória de um povo, e sem memória o homem é degradado aos animais mais inferiores.

MALCOM X

Monte a descrição de sua família completando as lacunas abaixo:

1. **My mother's name is** _____. O nome de minha mãe é _____.

2. **My father's name is** _____. O nome de meu pai é _____.

3. **My sister's name is** _____. *ou* **I don't have a sister**. O nome da minha irmã é _____. *ou* Eu não tenho irmã.

4. **My brother's name is** _____. O nome de meu irmão é _____. *ou* **I don't have a brother**. O nome do meu irmão é _____. *ou* Eu não tenho irmão.

5. **My mother's mother's name is** _____. O nome da mãe de minha mãe é _____.

6. **My friend's name is** _____. O nome do meu amigo é _____.

Answer key Respostas

Personal answers. Respostas pessoais.

Leia também:
Adjetivos possessivos
Pronomes possessivos

Adjetivos **possessivos**

- Como ocorre em português quando usamos "meu", "teu" etc., podemos também nos referir "aos donos" das coisas usando palavras que os substituem.
- Ao usar essas palavras, chamadas adjetivos possessivos, precisamos sempre mencionar as coisas também.
- Essas palavras para indicar posse não podem ser usadas sozinhas, "sem aquilo que pertence":

Indica a quem/que pertence	+ aquilo "que pertence"	... e é traduzido
My	Book	Meu livro
Your	Copy	Sua cópia
His Her Its	His money Her time Its price (the book's price)	Seu dinheiro/dinheiro dele Seu tempo/tempo dela O preço do livro
Our	Language	Nossa língua
Your	Copies	Suas cópias
Their	Words	Palavra deles

QUOTE TO MEMORIZE
Citação para memorizar

My most brilliant achievement was my ability to be able to persuade my wife to marry me.

Minha realização mais brilhante foi minha habilidade de ser capaz de persuadir minha mulher a casar comigo.

WINSTON CHURCHILL

Man is made by his belief. As he believes, so he is.

O homem é feito por sua crença. Como ele pensa, assim ele é.

JOHANN WOLFGANG VON GOETHE

Substitua por um adjetivo possessivo, conforme o exemplo:

Exemplo: The doctor's room – his room
A sala do doutor – sua sala

1. **Carlos' car –**
2. **My mother's wallet –**
3. **The boy's toy –**
4. **The author's autograph –**
5. **The dog's tail –**

Answer key Respostas

1. Carro do Carlos – **his car**
2. Carteira da minha mãe – **her wallet**
3. O brinquedo do garoto – **his toy**
4. O autógrafo do autor/da autora – **his/her autograph**
5. O rabo do cachorro – **its tail**

Leia também:
A quem pertencem as coisas: 's
Pronomes possessivos

Pronomes **possessivos**

- Diferente do que acontece em português, em inglês podemos nos referir "aos donos" das coisas e às coisas usando uma só palavra.
- Essas palavras são chamadas pronomes possessivos. Elas têm esse nome porque, além de indicarem posse, ainda substituem o nome ou "aquilo que pertence".
- Depois delas não se repete "aquilo que pertence". Veja na tabela:

Indica a quem/que pertence	+ aquilo "que pertence"	Assim, o pronome possessivo é
My	Book	Mine
Your	Copy	Yours
His	His money	His
Her	Her time	Hers
Its	Its price (the book's price)	Its
Our	Language	Ours
Your	Copies	Yours
Their	Words	Theirs

- Parece que o **e** final em **mine** e o **s** nos outros pronomes representa aquilo a que estamos nos referindo, enquanto o resto da palavra diz a quem pertence. Leia o diálogo a seguir:

A: Is this your key?
Esta é a sua chave?
B: No, it's not mine. I think it's yours.
Não, não é minha. Eu acho que é sua.
A: It's not mine, because mine is yellow.
Não é minha, porque a minha é amarela.
B: Well, mine is red! Bem, a minha é vermelha!
A: I know now. This key is Paula's. Hers is blue.
Eu sei agora. Esta chave é da Paula. A dela é azul.

QUOTE TO MEMORIZE
Citação para memorizar

Beyond a certain point, the music isn't mine anymore. It's yours.

Além de um certo ponto, a música não é mais minha. É sua.

PHIL COLLINS

Complete o diálogo com os pronomes possessivos:

A: Is this birthday cake _____?

Este bolo de aniversário é _____?

B: **No, today's not my birthday.**

Não, hoje não é meu aniversário.

A: **Is it your friend Paula's birthday?**

É o aniversário da sua amiga Paula?

B: **No, _____ is in January. _____ is in June.**

Não, o _____ é em janeiro. O _____ é em junho.

A: **And _____ is in August.**

E o _____ é em agosto.

B: **I know! It's the dog's. The birthday cake's _____.**

Eu sei! É do cachorro. O bolo de aniversário é _____.

Answer key Respostas

yours – hers – Mine – Mine – its

Observação: um cachorro, por ter uma individualidade e ser objeto do afeto do dono, pode ser **he** ou **she**, mas não será errado tratá-lo por **it**.

Leia também:
**A quem pertencem as coisas: 's
Adjetivos possessivos**

33

ESTRUTURAS DIFERENTES DO PORTUGUÊS

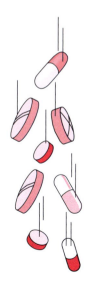

Perguntas: **do**

- Em inglês, todos os verbos, com exceção do **to be**, nas formas **am**, **is**, **are**, precisam de "uma ajuda" para serem usados em perguntas no presente.
- A ajuda é feita por **do**, que aparece entre a pessoa ou a coisa que realiza a ação e o que ela realiza, ou seja, o verbo. Não existe algo parecido em português.
- Veja exemplos de afirmações e as perguntas correspondentes:

I like dancing. Eu gosto de dançar.	**Do you like dancing?** Você gosta de dançar?
We love chocolate. Nós amamos chocolate.	**Do you love chocolate?** Vocês amam chocolate?
You speak some English. Você fala algum/um pouco de inglês.	**Do you speak some English?** Você fala algum/um pouco de inglês?
They drink coffee all the time. Eles tomam café o tempo todo.	**Do they drink coffee all the time?** Eles tomam café o tempo todo?
We study a lot. Nós estudamos muito.	**Do we study a lot?** Nós estudamos muito?

- Quando é alguém ou alguma coisa – no singular – que realiza a ação, é preciso que no verbo apareça um **s** no final: **I know, he knows**.
- Este "**s**", para encaixar no verbo, é antecedido de **-e** quando o verbo termina em sons de /s/, /x/ e semelhantes, para

facilitar a pronúncia: **I kiss, he kisses; I brush, it brushes**.
- Este "**s**" é antecedido de **-ies** quando o verbo termina em **-y**: **I study, she studies**.
- Se o verbo terminar em vogal + **y**, a conjugação é feita apenas com **-s**: **play**, **he plays; enjoy**, **it enjoys**.
- Assim, sempre que aparece o **-s** no verbo e se quer fazer uma pergunta, este **-s** sai do verbo e vai para o **do**, que passa a ser **does**.

She speaks English. Ela fala inglês.	**Does she speak English?** Ela fala inglês?
He talks a lot. Ele fala muito.	**Does he talk a lot?** Ele fala muito?
This washing machine is new. Esta máquina de lavar é nova. **It washes well.** Ela lava bem.	**Is this washing machine new?** Esta máquina de lavar é nova? **Does it wash well?** Ela lava bem?
The cat stays by the window. O gato fica na janela. **It watches the cars go by.** Ele olha/assiste os carros passarem.	**Does the cat stay by the window?** O gato fica na janela? **Does it watch the cars go by?** Ele olha/assiste os carros passarem?

QUOTE TO MEMORIZE
Citação para memorizar

Do we participate in a politics of cynicism or a politics of hope?

Participamos de uma política de cinismo ou uma política de esperança?

BARACK OBAMA

Complete as lacunas com **Do** ou **Does**:

1. _____ **you know João?** Você conhece o João?
2. _____ **he work here?** Ele trabalha aqui?
3. _____ **the book contain an answer key?** O livro possui uma chave de respostas?
4. _____ **we have time for a cup a coffee?** Nós temos tempo para uma xícara de café?
5. _____ **she eat Japanese food?** Ela come comida japonesa?
6. _____ **Maria and João go to work together?** A Maria e o João vão trabalhar juntos?
7. _____ **you like ice cream?** Você gosta de sorvete?
8. _____ **the dog eat vegetables?** O cachorro come verduras?

Answer key *Respostas*

1. Do
2. Does
3. Does
4. Do
5. Does
6. Do
7. Do
8. Does

Leia também:
Pronomes pessoais
to be

Perguntas no passado: **Did**

- Em inglês, todos os verbos no passado, com exceção do **to be**, nas formas **was** e **were**, precisam de "uma ajuda" para serem usados em perguntas.
- A ajuda é feita por **did**, que aparece entre a pessoa ou a coisa que realiza a ação e o que ela realiza, ou seja, o verbo.
- A presença de **did** na pergunta, que mostra que é passado, faz o verbo aparecer na forma básica, ou seja, sem o sinal do passado, que é **-d**, **-ed**, ou **-ied** na maioria dos casos.
- Veja exemplos de afirmações e perguntas correspondentes:

I liked dancing. Eu gostei de dançar.	**Did you like dancing?** Você gostou de dançar?
We loved chocolate. Nós amávamos chocolate.	**Did you love chocolate?** Vocês amavam chocolate?
They drank coffee all the time. Eles tomavam café o tempo todo.	**Did they drink coffee all the time?** Eles tomavam café o tempo todo?
She spoke English. Ela falou inglês.	**Did she speak English?** Ela falou inglês?
He talked a lot. Ele conversou muito.	**Did he talk a lot?** Ele conversou muito?
This washing machine washed well when it was new. Esta máquina de lavar lavava bem quando era nova.	**Did this washing machine wash well when it was new?** Esta máquina de lavar lavava bem quando era nova?

The cat stayed by the window.	Did the cat stay by the window?
O gato ficava na janela.	O gato ficava na janela?
It watched the cars go by.	**Did it watch the cars go by?**
Ele olhava os carros passarem.	Ele olhava os carros passarem?

QUOTE TO MEMORIZE
Citação para memorizar

Did you ever notice that the first piece of luggage on the carousel never belongs to anyone?

Você já notou como a primeira bagagem na esteira nunca pertence a ninguém?

ERMA BOMBECK

Escreva o verbo na frase. Se for uma pergunta, por causa da presença do **did** o verbo aparece na forma básica, como no exemplo a seguir. Se for uma afirmação, o verbo aparece no passado e o **did** não é usado.

Ex: Did he *participate* in the meeting?
Ele participou da reunião?

(x) *Forma básica:* **participate**

(   ) *Passado:* **participated**

1. **Did you _____ João?** Você conhecia o João?

    ( ) *Forma básica:* **know**

    ( ) *Passado:* **knew**

2. **He _____ here.** Ele trabalhou aqui.

    ( ) *Forma básica:* **work**

    ( ) *Passado:* **worked**

3. **The book _____ an answer key.** O livro possuía uma chave de respostas.

    ( ) *Forma básica:* **contain**

    ( ) *Passado:* **contained**

4. **We _____ time for a cup a coffee.** Nós tínhamos tempo para uma xícara de café.

    ( ) *Forma básica:* **have**

    ( ) *Passado:* **had**

5. **She _____ Japanese food.** Ela comeu comida japonesa.

    ( ) *Forma básica:* **eat**

    ( ) *Passado:* **ate**

6. **Did Maria and João _____ to work together?** A Maria e o João foram trabalhar juntos?

    ( ) *Forma básica:* **go**

    ( ) *Passado:* **went**

Answer key *Respostas*

1. *Forma básica:* **know**
2. *Passado:* **worked**
3. *Passado:* **contained**
4. *Passado:* **had**
5. *Passado:* **ate**
6. *Forma básica:* **go**

Leia também:

Irregulares × Regulares – o passado

Irregulares com todas as formas iguais

Irregulares que terminam em **-d**

Irregulares que terminam em **-t**

Irregulares que terminam em **-ght**

Irregulares que terminam em **-ew**

Irregulares que terminam em **-a** + consoante(s)

Irregulares que terminam em **-e** I

Irregulares que terminam em **-e** II

Irregulares com terminações diversas

No × Not

- Podemos estabelecer negações de diversas maneiras com palavras que têm valor negativo, como "não", "nunca", "de modo algum" etc.
- Isso acontece em inglês também, mas "não" tem duas formas: **no** e **not**.
- **No** é, basicamente, a resposta a perguntas que buscam confirmar algo:

A: Is this complicated? Isto é complicado?
B: No, it isn't. Não, não é.

A: Is your name Catamansa? O seu nome é Catamansa?
B: No, it´s Catarina. Não, é Catarina.

- **Not** é a forma de negar uma coisa (1), uma ação (2), uma característica (3) ou uma maneira de fazer as coisas (4):

B: Catamansa is not [a name].

(1) Catamansa não é um nome.

B: Do not [call] me Catamansa, please.

(2) Não me chame de Catamansa, por favor.

B: Catamansa is just not [common].

(3) Catamansa simplesmente não é comum.

B: You mean this for fun, not [seriously], right?

(4) Você quer dizer isso de brincadeira, não seriamente, certo?

- **No** significa nenhum(a), mas também é usado no plural, de forma que sua tradução literal pode ficar esquisita em português, e para dizer a mesma coisa em nossa língua acabamos negando no verbo ou usamos a preposição "sem". O importante é que este uso de **no** indica ausência de alguma coisa. Veja como é:

Uso de no	Tradução literal	Tradução natural
I have no money.	Tenho "nenhum" dinheiro.	Não tenho dinheiro. *ou* Estou sem dinheiro.
No phones available.	"Nenhuns" telefones disponíveis.	Sem telefones disponíveis.
It's no joke.	É "nenhuma" piada.	Não é piada.

QUOTE TO MEMORIZE
Citação para memorizar

No man is an island.
Nenhum homem é uma ilha.

JOHN DONNE

A rolling stone gathers no moss.
Pedra que rola não junta limo.

Doubt is the beginning not the end of wisdom.
A dúvida é o início, não o fim da sabedoria.

Make love not war.
Faça amor, não guerra.

PROVERBS PROVÉRBIOS

Leia os provérbios e dizeres populares e complete as lacunas com **no** ou **not**. Use as traduções como apoio.

1. **Oil and water do _____ mix.** Óleo e água não se misturam.

2. **Ask _____ questions and hear _____ lies.** Não faça perguntas e não escute mentiras.

3. **Half a loaf is better than _____ bread.** Metade de um pão é melhor que nenhum pão.

4. **_____ one can make you feel inferior without your consent.** Ninguém pode fazer você se sentir inferior sem o seu consentimento.

5. **_____ rest for the wicked.** Sem descanso para os maus.

6. **A prophet is _____ recognized in his own land.** Um profeta não é reconhecido na sua própria terra.

7. **All that glisters is _____ gold.** Nem tudo que brilha é ouro. *ou* Tudo que brilha não é ouro.

8. **That which does _____ kill us makes us stronger.** Aquilo que não nos mata nos faz mais fortes.

9. **There are none so blind as those, that will _____ see.** Não existe ninguém tão cego quanto aqueles que não querem ver.

Answer key *Respostas*

1. not
2. no, no
3. no
4. No
5. No
6. not
7. not
8. not
9. not

Negando: **do not**

- Em inglês todos os verbos, com exceção do **to be**, nas formas **am**, **is**, **are**, precisam de "uma ajuda" para serem negados no presente.
- A ajuda é feita por **do + not**, que costumam ser escritos e pronunciados juntos na forma contraída **don't**. **Don't** aparece entre a pessoa ou a coisa que realiza ação e o que ela realiza, ou seja, o verbo. Não existe algo parecido em português.
- Veja exemplos de negações:

I	don't	enjoy	pretending.
Eu não aprecio fingir.			
You	don't	speak	Polish.
Você não fala polonês.			
They	don't	drink	vodka.
Eles não bebem vodca.			

- Quando é alguém ou alguma coisa – no singular – que realiza a ação, é preciso que no verbo apareça um **s: I know, he knows**.
- Este "**s**", para encaixar no verbo, é antecedido de **-e** quando o verbo termina em sons de /s/, /x/ e semelhantes, para facilitar a pronúncia: **I kiss, he kisses; I brush, it brushes**.

- Este "**s**" é antecedido de **-ies** quando o verbo termina em -y: **I study, she studies**.
- Se o verbo terminar em vogal + **y**, a conjugação é feita apenas com **-s**: **play**, **he plays; enjoy**, **it enjoys**.
- Sempre que aparece o **-s** no verbo e se quer fazer uma negação, este **-s** sai do verbo e vai para o **do**, que passa a ser **does,** que se combina com **not**. Contraído, é **doesn't**.

He	doesn't	enjoy	pretending.
Ele não aprecia fingir.			
He	doesn't	talk	a lot.
Ele não conversa muito.			
She	doesn't	speak	Polish.
Ela não fala polonês.			
He	doesn't	drink	vodka.
Ele não bebe vodca.			

QUOTE TO MEMORIZE
Citação para memorizar

Anyone who doesn't take truth seriously in small matters cannot be trusted in large ones either.

Qualquer um que não leve a verdade a sério em pequenas questões não pode ser acreditado (nessa pessoa não se pode confiar) em grandes questões tampouco.

Albert Einstein

ATIVIDADE

Coloque as frases em ordem e escolha se a negação é feita com **don't** ou **doesn't**. Essa opção não está entre as palavras que devem ser organizadas, e sim deve ser inserida por você. Se aparecerem palavras negativas como "ninguém" ou "nunca", não será necessário incluir **don't** ou **doesn't**. Use as traduções como apoio.

Ex: cloudy – we – days – like
   We <u>don't</u> like cloudy days.
   Nós não gostamos de dias nublados.

1. **On the top of – lives – nobody – the Everest**

   _____. Ninguém vive no topo do Everest.

2. **never – I – speak to – Eskimos**

   _____. Eu nunca falo com esquimós.

3. **Boil – at 50º C – water**

   _____. A água não ferve a 50º C.

49

4. Maria is German. – Portuguese – she – speak

_____. Maria é alemã. Ela não fala português.

Answer key *Respostas*

1. Nobody lives on the top of the Everest.
2. I never speak to Eskimos.
3. Water doesn't boil at 50º C.
4. Maria is German. She doesn't speak Portuguese.

> Leia também:
> Perguntas: **do**

Negando no passado: **did not**

- Em inglês todos os verbos, com exceção do **to be**, nas formas **was** e **were**, precisam de "uma ajuda" para serem negados no passado.
- A ajuda é feita por **did + not**, que costumam ser pronunciados e escritos juntos.
- **Didn't** aparece entre a pessoa ou a coisa que realiza a ação e o que ela realiza, ou seja, o verbo.
- A presença de **did** na frase, que mostra que é passado, faz o verbo aparecer na forma básica, ou seja, sem o sinal do passado, que na maioria dos casos será **-d**, **-ed** ou **-ied**.
- Veja exemplos de negações:

I	didn't	like	the show.

Eu não gostei do show.

We	didn't	see	the UFO.

Nós não vimos o OVNI.

You	didn't	pass	the test.

Você não passou no teste.

She	didn't	say	a word.

Ela não disse uma palavra.

QUOTE TO MEMORIZE
Citação para memorizar

Education is learning what you didn't even know you didn't know.

Educação é aprender o que você nem sabia que não sabia.

Daniel J. Boorstin

As frases a seguir, todas afirmativas no passado, precisam ser escritas na sua forma negativa. Para isso, você precisará saber como é o verbo sem o sinal de passado, uma vez que o uso de **did** já dá essa referência. Os verbos usados estão na linha abaixo. Selecione-os e escreva as frases negativas acrescentando **didn't**.

like – cross – escape – pass – come – type – prepare – close

Exemplo: We liked the meal. Nós gostamos da refeição.

We *didn't like* the meal. Nós não gostamos da refeição.

1. He escaped from prison. Ele escapou da prisão.

_____

2. **The cat passed in front of the TV.** O gato passou na frente da TV.

_____

3. **They crossed the street.** Eles atravessaram a rua.

_____

4. **I typed many sentences.** Eu digitei muitas frases.

_____

5. **They closed a deal.** Eles fecharam um negócio.

_____

6. **She prepared a good presentation.** Ela preparou uma boa apresentação.

_____

Answer key *Respostas*

1. He didn't escape from prison.
2. The cat didn't pass in front of the TV.
3. They didn't cross the street.
4. I didn't type many sentences.
5. They didn't close a deal.
6. She didn't prepare a good presentation.

Alguns verbos no passado têm formas diferentes, ou seja, não terminam em **-d** e suas variações. Tente fazer a negação dessas frases buscando a forma básica desses verbos no quadro abaixo.

speak – eat – find – come – see

1. **We ate the whole cake.** Nós comemos o bolo inteiro.
   _____

2. **The police found the criminal.** A polícia encontrou o criminoso.
   _____

3. **She spoke to me in English.** Ela falou comigo em inglês.
   _____

4. **We saw a UFO.** Nós vimos um OVNI.
   _____

5. **The cat came back.** O gato voltou.
   _____

Answer key Respostas

1. We didn't eat the whole cake.
2. The police didn't find the criminal.
3. She didn't speak to me in English.
4. We didn't see a UFO.
5. The cat didn't come back.

Leia também:
Perguntas no passado: **Did**

BUSCANDO INFORMAÇÕES

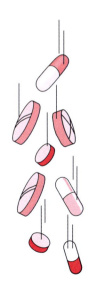

what, who, where, when, how, why, which

- Assim como em português, em inglês existem palavras específicas para buscar informações, chamadas de **questions words** – palavras de perguntas.

What	O quê
Who	Quem
Where	Onde
When	Quando
How	Como
Why	Por que
Which	Qual(ais)

QUOTE TO MEMORIZE
Citação para memorizar

I have six faithful serving men
They taught me all I knew
Their names are What and Where and When
And Why and How and Who

Tenho seis servos fiéis
Eles me ensinaram tudo que eu sei
Seus nomes são o Quê e Onde e Quando
E Por que e Como e Quem

RUDYARD KIPLING

- **How** se combina com adjetivos e advérbios e produz perguntas bem diferentes de português. Veja como é:

Uso de how	Tradução literal	Tradução natural
How old are you?	"Quão velho é você?"	Quantos anos você tem?
How different is this kind of question?	"Quão diferente é esse tipo de pergunta?"	Esse tipo de pergunta é muito diferente?
How often do you hear English?	"Quão frequentemente você ouve inglês?"	Com que frequência você ouve inglês?

- A resposta de **why** é **because:**

  A: Why do you love me? Por que você me ama?

  B: Because you are my other half. Porque você é a minha outra metade.

Preencha a lacuna com a palavra para a pergunta que corresponde à resposta dada.

1. **A:** _____ **is your name?** _____ é o seu nome?
   B: Paul. Paulo.

2. **A:**_____ **difficult is this for you?** _____ *difícil isto é para você?*

   B: Not very difficult. Não muito difícil.

3. **A:**_____ **is the show?** _____ é o show?

   B: On Friday. Na sexta.

4. **A:**_____ **is this man?** _____ é este homem?

   B: My husband. Meu marido.

5. **A:**____ **do you type so fast?** ____ você digita tão rápido?

   B: I don't know! Eu não sei!

6. **A:**_____ **is Andromeda, the galaxy?** _____ é a Andrômeda, a galáxia?

   B: Beside the Milky Way. Ao lado da Via Láctea.

7. **A:**_____ **do you drink so much milk?** _____ você bebe tanto leite?

   B: Because I like it. Porque eu gosto.

8. _____ **locker is yours?** _____ armário (com chave) é seu?

Answer key *Respostas*

1. What	5. How/Why
2. How	6. Where
3. When	7. Why
4. Who	8. Which

RELACIONANDO INFORMAÇÕES

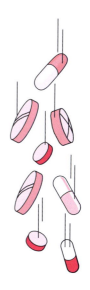

Conectores I

- Podemos estabelecer diferentes tipos de relações entre os fatos: se algo é consequência de algo mais ou simplesmente se soma, ou se opõe, ou se compara, e assim por diante. Conheça a seguir palavras básicas para estabelecer cada tipo de relação entre os fatos.
- *Somando fatos*: para unir dois substantivos, adjetivos, verbos ou advérbios, ou ainda grupos de palavras que relatam fatos, usamos **and** – e.

Pedro and Maria	Pedro e Maria
New and expensive	Novo e caro
Walk and talk	Caminhar e conversar
Well and quickly	Bem e rápido
I read these examples and I understand them.	Eu leio estes exemplos e entendo eles.

- *Excluindo*: para mostrar como dois substantivos, adjetivos, verbos ou advérbios devem ser desconsiderados em uma relação usamos **neither ~ nor ~,** que podem ser traduzidos por "nem". Para manter uma equivalência maior, podem ser "nem ~ nem ~".

Neither Pedro and Maria's father nor their mother cares about them.	Nem o pai de Pedro e Maria nem a mãe deles se preocupam com eles.
This car is neither new nor cheap. You shouldn't buy it.	Este carro não é nem novo nem barato. Você não deveria comprá-lo.
She can neither speak loud nor walk fast. She has a terrible headache.	Ela não pode nem falar alto nem caminhar rápido. Ela tem uma dor de cabeça terrível.

- *Alternativas*: para mostrar dois substantivos, adjetivos, verbos ou advérbios indicando alternativas, usamos **either ~ or ~,** que podem ser traduzidos por "ou". Para manter uma equivalência maior com a estrutura em inglês, podem ser "ou ~ ou ~".

Either you have a visual deficiency or I am seeing things. Are you sure that is not a dinosaur?	Ou você tem uma deficiência visual ou eu estou vendo coisas. Você tem certeza de que aquilo não é um dinossauro?

QUOTE TO MEMORIZE
Citação para memorizar

The stupid neither forgive nor forget; the naive forgive and forget; the wise forgive but do not forget.

Os ignorantes nem perdoam nem esquecem; os ingênuos perdoam e esquecem; os sábios perdoam mas não esquecem.

THOMAS S. SZASZ

Indique que tipo de relação existe nas frases, assinalando entre ( ) o número correspondente. Depois verifique as traduções junto com a chave de respostas.

(1) somando

(2) excluindo

(3) alternativas

a. ( ) **Neither my husband nor my lawyer knows about my night habits.**

b. ( ) **I'm thinking of flying either to Mount Everest or to the Sahara.**

c. ( ) **Close your eyes and dream of paradise.**

d. ( ) **Stop and think!**

e. ( ) **Either you buy the ticket now or you go on foot later.**

f. ( ) **Neither John nor Mary saw the humming bird.**

Answer key *Respostas*

a. (2) – Nem meu marido nem meu advogado sabem sobre os meus hábitos noturnos.

b. (3) – Eu estou pensando em voar ou para o Everest ou para o Saara.

c. (1) – Feche os seus olhos e sonhe com o paraíso.

d. (1) – Pare e pense!

e. (3) – Ou você compra a passagem agora ou você vai a pé mais tarde.

f. (2) – Nem Jonh nem Mary viram o beija-flor.

> Leia também:
> **Conectores II**
> **Conectores III**

Conectores II

- Para expressar uma *oposição ou um contraste* entre fatos, usamos **but** – mas.

She took her umbrella, but it wasn't raining.	Ela pegou sua sombrinha, mas não estava chovendo.
You can go to the show, but I will stay home.	Você pode ir ao show, mas eu vou ficar em casa.

- Para expressar *um fato substituindo outro*, usamos **instead of** – em vez de.

Instead of checking the weather report, she preferred to carry her umbrella with her.	Em vez de verificar o boletim do tempo, ela preferiu carregar a sua sombrinha com ela.
I will take the bridge instead of swimming to the other side.	Eu vou pegar a ponte em vez de nadar para o outro lado.

- Para expressar *uma hipótese ou uma condição*, usamos **if** – se:

If you read this without a dictionary, you can understand a lot of English.	Se você lê isto sem um dicionário, pode compreender muito do inglês.
If you read some English every day, you will naturally learn more.	Se você ler um pouco de inglês todos os dias, vai naturalmente aprender mais.

QUOTE TO MEMORIZE
Citação para memorizar

What most people need to learn in life is how to love people and use things instead of using people and loving things.

O que a maioria das pessoas precisa aprender na vida é como amar as pessoas e usar as coisas em vez de usar as pessoas e amar as coisas.

Author unknown – Autor desconhecido

Indique que tipo de relação existe nas frases, assinalando entre ( ) o número correspondente. Depois verifique as traduções junto com a chave de respostas.

(1) Oposição, contraste

(2) Substituição

(3) Hipótese, condição

a. ( ) **If you heat water at 100° C, it will boil.**

b. ( ) **Write down your list instead of memorizing it!**

c. ( ) **We can spend the day in the park, but we can't sleep there!**

d. ( ) **If you pay attention to the video, you will understand it.**

e. ( ) **If you exceed the speed limit, you will be fined.**

f. ( ) **Use your credit card, but don't spend money you don't have.**

Answer key – Respostas

a. (3) Se você aquecer a água a 100°C, ela vai ferver.
b. (2) Escreva a sua lista em vez de memorizá-la.
c. (1) Nós podemos passar o dia no parque, mas não podemos dormir lá!
d. (3) Se você prestar atenção no vídeo, vai entender.
e. (3) Se você exceder o limite de velocidade, vai ser multado.
f. (1) Use o seu cartão de crédito, mas não gaste dinheiro que você não tem.

> Leia também:
> **Conectores I**
> **Conectores III**

Conectores III

- Para expressar *algo que acontece ao mesmo tempo* em que algo mais, usamos **while** – enquanto.

| He read a book while he waited for her. | Ele leu um livro enquanto esperava por ela. |
| She knitted a sweater while she was pregnant. | Ela teceu um suéter enquanto estava grávida. |

- Para expressar *um limite no tempo*, usamos **until** ou **til** – até que.

| The guests wait in the lobby until they receive the keys to their rooms. | Os hóspedes esperam no saguão até que recebem as chaves para os seus quartos. |
| Hold your passport in your hand until you reach customs. | Segure o seu passaporte na sua mão até que você chegue na alfândega. |

- Para expressar *causa e efeito* usamos **because** – porque.

| She eats snails because she likes their taste. | Ela come lesmas porque gosta do gosto delas. |
| I'm wearing a jacket because it's cold. | Eu estou usando um casaco porque está frio. |

- Para expressar *comparações* usamos **than**, do que:

These explanations are simpler than you think.	Estas explicações são mais simples do que você pensa.
I want to make my day today more productive than yesterday.	Eu quero fazer o meu dia hoje mais produtivo do que ontem.

QUOTE TO MEMORIZE
Citação para memorizar

Life is what happens to you while you're busy making other plans.

A vida é o que te acontece enquanto você está ocupado fazendo outros planos.

JOHN LENNON

Indique que tipo de relação existe nas frases, assinalando entre ( ) o número correspondente. Depois verifique as traduções junto com a chave de respostas.

(1) Acontecimentos simultâneos
(2) Limites no tempo
(3) Causa e efeito
(4) Comparação

a. ( ) **Drinking water is better than drinking syrup.**

b. ( ) **Time is passing because the Earth is turning.**

c. ( ) **I will wait for you until you finish your work.**

d. ( ) **Read your book while I cook.**

e. ( ) **The museum will stay open until the last visitor leaves.**

f. ( ) **A bird flies because it has wings.**

Answer key *Respostas*

a. (4) Beber água é melhor do que beber calda.
b. (3) O tempo está passando porque a Terra está girando.
c. (2) Eu vou esperar por você até que você termine o seu trabalho.
d. (1) Leia o seu livro enquanto eu cozinho.
e. (2) O museu vai ficar aberto até que o último visitante saia.
f. (3) Pássaros voam porque têm asas.

Leia também:
Conectores I
Conectores II

INTENSIFICADORES – PALAVRAS QUE INTENSIFICAM AS CARACTERÍSTICAS (ADJETIVOS)

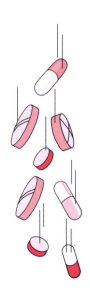

very, too

- Quando queremos intensificar uma característica, como algo ou alguém é, usamos a palavra **very** – muito.

A very interesting subject	Um assunto muito interessante
Some very obvious tips	Algumas dicas muito óbvias
His very healthy habits	Seus hábitos muito saudáveis

- E, quando queremos indicar que uma característica se tornou excessiva, usamos **too** – demais.

The kettle handle is too hot to touch.	O cabo da chaleira está muito quente para tocar.
This exercise is too easy. A child can solve it.	Este exercício é fácil demais. Uma criança pode solucioná-lo.

QUOTE TO MEMORIZE
Citação para memorizar

Time is too slow for those who wait, too swift for those who fear, too long for those who grieve, too short for those who rejoice, but for those who love, time is eternity.

O tempo é lento demais para aqueles que esperam, rápido demais para aqueles que temem, longo demais para aqueles que lamentam, curto demais para aqueles que se deleitam, mas, para aqueles que amam, o tempo é a eternidade.

Henry Van Dyke

Preencha com **too** ou **very**. A presença de duas lacunas na tradução é devida ao fato de muito vir antes e demais vir após o adjetivo.

1. **This computer is _____ old. You can't use it anymore.** Este computador é _____ velho _____. Você não pode usá-lo mais.

2. **This book is _____ interesting. You should read it.** Este livro é _____ interessante _____. Você deveria lê-lo.

3. **Be careful with the soup. It's _____ hot.** Tenha cuidado com a sopa. Ela está _____ quente _____.

4. **Don't touch the pan. It's _____ hot.** Não encoste na panela. Ela está _____ quente _____.

5. **There are _____ beautiful paintings in this museum room.** Existem pinturas _____ bonitas _____ neste museu.

6. **Peter is _____ rich. He has 5 cars.** Peter é _____ rico ___. Ele tem 5 carros.

Answer key *Respostas*

1. too
2. very
3. very/too
4. too
5. very
6. very

> Leia também:
> **many/much, more**

QUANTIFICADORES – PALAVRAS QUE INDICAM A QUANTIDADE/ABRANGÊNCIA DAS COISAS (SUBSTANTIVOS)

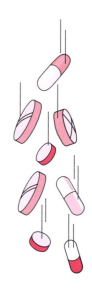

some, any

- **Some** é o que usamos para indicar uma certa quantidade, indefinida, de algo; portanto **some** precede ou substitui substantivos. Assim:

A: I need some extra money for this month's expenses.	A: Eu preciso de algum dinheiro extra para os gastos deste mês.
B: I can lend you some.	B: Eu posso te emprestar algum.

Substantivo = **money**

- **Any** é a forma que **some** geralmente assume em perguntas e negações:

B: Oh, I'm sorry. I realize now that I don't have any money to lend you!	B: Oh, desculpe. Eu percebo agora que não tenho nenhum dinheiro para te emprestar.
A: Any money at all?	A: Nenhum dinheiro mesmo?

- Se "A" tivesse feito uma pergunta em lugar de uma afirmação, provavelmente teria dito:

A: Do you have any money to lend me?	A: Você tem algum dinheiro para me emprestar?

- De um modo geral, quando não está em perguntas e negações, **any** quer dizer "qualquer" ou "quaisquer":

| When you see this window on the computer screen, just hit any key on the keyboard. | Quando você vir esta janela na tela do computador, apenas pressione qualquer tecla no teclado. |
| If the system requires any changes, just tell us. | Se o sistema exigir quaisquer mudanças, apenas nos diga. |

QUOTE TO MEMORIZE
Citação para memorizar

Some people see things that are and ask, Why? Some people dream of things that never were and ask, Why not? Some people have to go to work and don't have time for all that.

Algumas pessoas veem as coisas que existem e perguntam: por quê? Algumas pessoas sonham com coisas que nunca existiram e perguntam: por que não? Algumas pessoas têm de ir para o trabalho e não têm tempo para tudo isso.

GEORGE CARLIN

Complete as lacunas com **some** ou **any**:

1. **There aren't _____ houses there.** Não existem casas lá.

2. **The baby needs to have _____ milk now.** O bebê precisa de leite agora.

3. **There isn't _____ text on the last page of the book.** Não tem texto na última página do livro.

4. **They don't need _____ china cups. Everything's disposable.** Eles não precisam de xícaras de louça. É tudo descartável.

5. **_____ question is a question!** Qualquer pergunta é uma pergunta!

6. **The explanation is finished. _____ questions?** A explicação está terminada. Alguma pergunta?

Answer key Respostas

1. any
2. some
3. any
4. any
5. Any
6. Any

Leia também:
no X **not**

a lot of, all, each/every

- Para expressar uma grande quantidade indefinida usamos **a lot of**.

A lot of money	Muito dinheiro
A lot of time	Muito tempo
A lot of changes	Muitas mudanças
A lot of tasks	Muitas tarefas

- Para nos referirmos a todos (as), usamos **all**.

All books	Todos os livros
All friends	Todos os amigos
All trees	Todas as árvores
All clouds	Todas as nuvens

- Em termos gerais, **each** e **every** se referem a unidades e podem ser traduzidos por "todo" ou "cada":

Each participant has 5 minutes to speak.	Cada/Todo participante tem 5 minutos para falar.
Every participant can ask 2 questions to the jury.	Todo/Cada participante pode fazer 2 perguntas para o júri.

QUOTE TO MEMORIZE
Citação para memorizar

I am looking for a lot of men who have an infinite capacity to not know what can't be done.

Estou procurando muitos homens que tenham uma capacidade infinita de não saber o que não pode ser feito.

HENRY FORD

Numere a segunda coluna de acordo com a primeira:

1. Each human being on this planet is unique.	( ) Todas as expectativas foram alcançadas.
2. "Every breath you take, I'll be watching you." Sting	( ) Cada ser humano neste planeta é único.
3. All expectations were met.	( ) Nós tivemos muita diversão na nossa viagem para o Egito.
4. Every time you stop, the universe is kept waiting.	( ) Cada inspiração que você faz, eu vou estar observando você.
5. We had a lot of fun on our trip to Egypt.	( ) O garoto amassou todos os copos com um martelo.
6. The boy smashed all the cups with a hammer.	( ) Toda vez que você para, o universo é mantido esperando.

Answer key Respostas

3 – 1 – 5 – 2 – 6 – 4

few/little, less

- Em inglês é importante saber quais substantivos podem e quais não podem ser contados.
- Veja exemplos de substantivos que não podem ser referidos em unidades. Alguns são como em português, mas outros são bem diferentes do que estamos acostumados.
- Alguns alimentos que não se contam, como em português:

  Sugar – açúcar
  Coffee – café
  Meal – refeição
  Bread – pão

- Exemplos de substantivos que não se contam e que são diferentes de português:

  Information – informação(ões)
  Equipment – equipamento(s)

- Assim, existe uma forma de expressar a pouca quantidade de algo que não se conta, que é **little**:

Little sugar	Pouco açúcar
Little information	Pouca informação/poucas informações

- E também uma forma de expressar a pouca quantidade de algo que se conta, que é **few**:

Few spoons of sugar	Poucas colheres de açúcar
Few lines of information	Poucas linhas de informação
Few pieces of equipment	Poucos equipamentos

- Para dizer "menos", usamos **less**:

| You have to work less hours everyday. | Você precisa trabalhar menos horas todos os dias. |
| If you drink less coffee, you'll sleep better. | Se você beber menos café, vai dormir melhor. |

QUOTE TO MEMORIZE
Citação para memorizar

The minute you settle for less than you deserve, you get even less than you settled for.

No minuto em que você aceita ficar com menos do que merece, você recebe ainda menos do que (aquilo com que) você aceitou ficar.

MAUREEN DOWD

Complete as frases com **few**, **less** ou **little**:

1. **I drink coffee with _____ milk.** Eu bebo café com _____ leite.

2. **Buy _____ fresh milk this time. It soon gets sour.** Compre _____ leite fresco desta vez. Ele logo fica azedo.

3. **With so _____ money you can't buy a diamond necklace!** Com tão _____ dinheiro você não pode comprar um colar de diamantes!

4. **_____ books are really interesting to us.** _____ livros são realmente interessantes para nós.

5. **_____ work and more leisure is what almost everybody wants.** _____ trabalho e mais lazer é o que quase todo mundo quer.

6. **Only a _____ people are really reliable, don't you think?** Apenas _____ pessoas são realmente confiáveis, você não acha?

Answer key *Respostas*

1. little
2. less
3. little
4. Few
5. Less
6. few

> Leia também:
> **a lot of, all, each/every**
> **many/much, more**

many/much, more

- Em inglês, é importante saber quais substantivos podem e quais não podem ser contados. Veja exemplos de substantivos que não podem ser referidos em unidades. Alguns são como em português, mas outros são bem diferentes do que estamos acostumados.
- Exemplos de substantivos que não se contam em inglês:

   Air – ar
   Water – água
   Music – música
   Love – amor
   Money – dinheiro

- Assim, existe uma forma de expressar a grande quantidade de algo que não se conta, que é **much**. Normalmente **much** vem em expressões negativas:

Not much love	Não muito amor
Not much money	Não muito dinheiro
Not much air	Nao muito ar

- E também há uma forma de expressar a grande quantidade de algo que se conta, que é **many**:

Many letters of love	Muitas cartas de amor
Many dollars	Muitos dólares
Many songs	Muitas canções

- Para dizer "mais", usamos **more**:

| **You have to rest more.** | Você precisa descansar mais. |
| **If you drink more tea, you'll feel better.** | Se você beber mais chá, vai se sentir melhor. |

QUOTE TO MEMORIZE
Citação para memorizar

Too much work, too much vacation, too much of any one thing is unsound.

Trabalho demais, férias demais, demasia de qualquer uma dessas coisas é inadequado.

WALTER ANNENBERG

Complete as frases com **many**, **more** ou **much**:

1. **I drink coffee without _____ milk.** Eu bebo café sem _____ leite.

2. **Buy _____ powder milk this time. It can be kept for very long.** Compre _____ leite em pó desta vez. Ele pode ser mantido por um longo tempo.

3. **With so _____ money you can buy an expensive diamond necklace!** Com tão _____ dinheiro você pode comprar um caro colar de diamantes!

4. **_____ books fail to interest us.** _____ livros falham em nos interessar.

5. **_____ leisure and less work is what _____ people want.** _____ lazer e menos trabalho é o _____ pessoas querem.

6. **Not _____ people are very reliable, don't you think?** Não _____ pessoas são muito confiáveis, você não acha?

Answer key Respostas

1. much
2. more
3. much
4. Many
5. More/Much – many
6. many

Leia também:
**a lot of, all, each/every
few/little, less**

VERBOS ESSENCIAIS

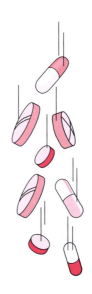

to **be**

- O verbo **to be** se traduz por "ser" e "estar".
- Sabemos quando é um ou outro significado pelo sentido da frase.

    I am here. Eu estou aqui.
    I am Brazilian. Eu sou brasileiro.

- O **to be** é essencial porque com ele se formam várias estruturas em inglês. Veja que formas ele tem com cada pessoa:

    I <u>am</u>
    He/She/It <u>is</u>
    We/You/They <u>are</u>

- Agora veja como ele é dentro da frase e as posições que ocupa em afirmações, negações e perguntas mais frequentes (não negativas).

Afirmações		
They	are	my friends.
1	2	3

Negações			
He	is	not	my enemy.
1	2	3	4

Perguntas		
Is	he	your enemy?
Are	they	your friends?
1	2	3

- Quando aparecem com **not**, as formas do **to be** costumam ser contraídas e ficam **isn't** e **aren't**.

QUOTE TO MEMORIZE
Citação para memorizar

We are what we repeatedly do. Excellence, then, is not an act, but a habit.

Nós somos o que repetidamente fazemos. Excelência, então, não é um ato, mas um hábito.

ARISTÓTELES

Complete as lacunas com a forma correta do **to be**:

1. **We** _____ **Brazilians.** Nós _____ brasileiros.

2. **We** _____ **not at a party.** Nós não _____ em uma festa.

3. **I** _____ **curious.** Eu _____ curioso.

4. **You** _____ **a reader.** Você _____ um leitor.

5. _____ **they serious?** Eles _____ sérios?

6. **We** _____ **not from Alaska.** Nós não _____ do Alasca.

7. **She** _____ **kind.** Ela _____ gentil.

8. **He** _____ **strange.** Ele _____ estranho.

9. _____ **you tall?** Você _____ alto?

10. _____ **she busy?** Ela _____ ocupada?

Answer key Respostas

1. are
2. are
3. am
4. are
5. Are
6. are
7. is
8. is
9. Are
10. Is

Leia também:
**Pronomes pessoais
Perguntas: do
Negando: do not**

to **have**

- O verbo **to have** se traduz por "ter".

    I have a future ahead of me. Eu tenho um futuro à minha frente.

- O **to have** é essencial porque com ele se formam várias estruturas em inglês. Veja que formas ele tem:

    I/We/You/They <u>have</u>
    He/She/It <u>has</u>

- Quando aparece com **not** em estruturas que ele ajuda a formar, **to have** se contrai e fica **hasn't** e **haven't**.

QUOTE TO MEMORIZE
Citação para memorizar

You can't have everything. Where would you put it?
Você não pode ter tudo. Onde colocaria?

STEVEN WRIGHT

Preencha as lacunas com **have** e **has** e verifique a tradução na chave de respostas:

1. Do you _____ time for a cup of coffee?
2. He _____ a lot of books.
3. We _____ some free time today.
4. She _____ flowers in her hair.
5. We _____ vacations in summer.
6. They _____ a perfect substitute.
7. My parents _____ three children.
8. She doesn't _____ time for him.
9. The dog _____ a name, it's Brown.
10. Do you _____ money?
11. Mary _____ a new car.
12. My friend _____ an old computer.

Answer key – *Respostas*

1. have – Você tem tempo para uma xícara de café?
2. has – Ele tem muitos livros.
3. have – Nós temos algum tempo livre hoje.
4. has – Ela tem flores no seu cabelo.
5. have – Nós temos férias no verão.
6. have – Elas/Eles têm uma/um perfeita/perfeito substituta/substituto.
7. have – Meus pais têm três filhos.
8. have – Ela não tem tempo para ele.
9. has – O cachorro tem um nome, é Marrom.
10. have – Você tem dinheiro?
11. has – Mary tem um carro novo.
12. has – Meu amigo tem um computador velho.

Leia também:
Pronomes pessoais

VERBOS NO PASSADO

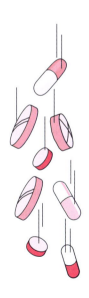

Irregulares × Regulares – **o passado**

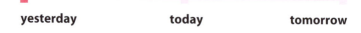

yesterday   **today**   **tomorrow**

- O que são verbos regulares e irregulares? Os verbos regulares são aqueles cujas formas, neste caso, do passado, são construídas conforme uma grande regularidade, que é a terminação em **-d**, **-ed** ou **-ied**.
- Os verbos irregulares têm seus passados construídos conforme regularidades menores ou inexistentes, diferentes da terminação em **-d**, **-ed** ou **-ied**.
- O passado indica uma ação que aconteceu em um momento determinado – por isso, em termos gerais podemos supor/perguntar quando ela aconteceu, e teremos como resposta "ontem", "antes de ontem", "há um minuto", "ano passado", "em 2000" etc.
- No passado, há uma forma apenas para todas as pessoas; portanto, o passado de **work**, que é **worked**, pode ser traduzido por "trabalhei", "trabalhou", "trabalhamos", "trabalharam", dependendo da pessoa – **I**, **you**, **he**, **she**, **it**, **we**, **you**, **they** – indicada.

QUOTE TO MEMORIZE
Citação para memorizar

When I was a kid I used to pray every night for a new bicycle. Then I realised that the Lord doesn't work that way so I stole one and asked Him to forgive me.

Quando eu era criança, costumava rezar todas as noites para (ter) uma bicicleta nova. Então eu entendi que o Senhor não trabalha desta forma e aí eu roubei uma e pedi a Ele para me perdoar.

EMO PHILIPS

Risque do conjunto os verbos que são irregulares. Eles aparecem em suas formas básica e do passado simples. Na chave de respostas estão também as traduções genéricas dos mesmos.

be – was/were	**study – studied**	**call – called**
go – went	**drink – drunk**	**work – worked**
see – saw	**swim – swam**	**write – wrote**
cut – cut	**build – built**	**connect – connected**
love – loved	**eat – ate**	**buy – bought**
understand – understood		

Answer key — Respostas

Irregulares	Regulares	Tradução genérica
Be – was/were		Ser/estar
	Study – studied	Estudar
	Call – called	Chamar
Go – went		Ir
Drink – drunk		Beber/tomar
	Work – worked	Trabalhar
See – saw		Ver
Swim – swam		Nadar
Write – wrote		Escrever
Cut – cut		Cortar
Build – built		Construir
	Connect – connected	Conectar
	Love – loved	Amar
Eat – ate		Comer
Buy – bought		Comprar
Understand – understood		Entender/compreender

Leia também:

Perguntas no passado: did

Negando no passado: did not

Irregulares com as formas iguais no passado

Tradução	Forma-base	Passado
Cortar	**Cut**	Cut
Pôr	**Put**	Put
Machucar	**Hurt**	Hurt
Deixar	**Let**	Let
Colocar, estabelecer	**Set**	Set
Fechar	**Shut**	Shut
Bater	**Hit**	Hit

QUOTE TO MEMORIZE
Citação para memorizar

I shut my eyes in order to see.
Fechei meus olhos a fim de ver.

PAUL GAUGUIN

Encontre os verbos no passado no caça-palavras e complete as frases. Use a tabela da pílula para achar os significados.

C	T	E	M	S	T	E	F	S	R	T	W	O	X	S	D
U	S	C	G	Q	E	D	Y	A	V	I	E	Ç	S	J	M
T	E	F	Z	V	Q	N	U	G	S	L	P	U	T	K	R
E	D	B	W	E	L	V	B	N	I	U	T	Y	N	F	T
N	X	T	U	Y	E	T	Q	M	U	T	T	Q	M	U	T
J	Y	E	F	S	T	Z	G	C	N	P	H	U	R	T	I
H	U	S	F	G	U	N	P	S	X	H	U	S	F	X	M
G	K	E	E	R	M	U	R	G	U	G	K	E	G	C	N
F	S	G	C	A	W	Y	H	I	A	F	S	U	Y	A	P
D	D	K	H	E	O	U	I	A	V	D	D	K	H	E	O
P	G	U	Y	O	I	E	T	X	M	P	G	G	U	O	I

1. **He _cut_ his finger yesterday.** Ele _cortou_ seu dedo ontem.

2. **She _____ a tree by accident.** Ela _____ em uma árvore por acidente.

3. **I _____ the table for 4 people, not for 24!** Eu _____ a mesa para quatro pessoas, não 24!

4. **She opened the window and _____ the wind blow inside.** Ela abriu a janela e _____ o vento soprar para dentro (da sala).

5. We _____ the flowers in the wrong vase. Nós _____ as flores no vaso errado.

6. **The baby cried a lot. The little boy pinched him and _____him.** O bebê chorou muito. O menininho o beliscou e _____.

Answer key *Respostas*

1. cut
2. hit
3. set
4. let
5. put
6. hurt

C	T	E	M	S	T	E	F	S	R	T	W	O	X	S	D
U	S	C	G	Q	E	D	Y	A	V	I	E	Ç	S	J	M
T	E	F	Z	V	Q	N	U	G	S	L	P	U	T	K	R
E	D	B	W	E	L	V	B	N	I	U	T	Y	N	F	T
N	X	T	U	Y	E	T	Q	M	U	T	T	Q	M	U	T
J	Y	E	F	S	T	Z	G	C	N	P	H	U	R	T	I
H	U	S	F	G	U	N	P	S	X	H	U	S	F	X	M
G	K	E	E	R	M	U	R	G	U	G	K	E	G	C	N
F	S	G	C	A	W	Y	H	I	A	F	S	U	Y	A	P
D	D	K	H	E	O	U	I	A	V	D	D	K	H	E	O
P	G	U	Y	O	I	E	T	X	M	P	G	G	U	O	I

Leia também:
Perguntas no passado: did
Negando no passado: did not

Irregulares que terminam em **-d** no passado

Tradução	Forma-base	Passado
Encontrar	**Find**	**Found**
Ouvir	**Hear**	**Heard**
Pagar	**Pay**	**Paid**
Dizer	**Say**	**Said**
Vender	**Sell**	**Sold**
Contar; falar	**Tell**	**Told**
Alimentar	**Feed**	**Fed**
Liderar	**Lead**	**Led**
Ter	**Have**	**Had**
Segurar	**Hold**	**Held**
Fazer	**Do**	**Did**

QUOTE TO MEMORIZE
Citação para memorizar

I fed my ego, but not my soul.

Eu alimentei meu ego, mas não minha alma.

YAKOV SMIRNOFF

Encontre os verbos no passado no caça-palavras e complete as frases. Use a tabela da pílula para encontrar os significados.

F	H	E	L	D	G	I	C	X	D
S	I	H	E	A	R	D	A	F	F
A	O	O	K	A	T	E	N	O	O
I	E	A	T	N	D	K	E	U	E
D	M	Y	O	I	I	N	C	N	A
Q	U	A	L	G	D	I	E	D	F
E	H	A	D	H	I	F	Y	D	O
P	O	S	D	T	A	E	N	C	Q
A	W	U	R	L	E	D	A	M	L
I	L	L	S	A	P	A	C	T	I
D	B	O	D	Y	V	S	O	L	D

1. **The sign <u>said</u>: "fresh paint".** A placa _____: "tinta fresca".

2. **As child, I _____ many treasures in the backyard.** Quando criança, eu _____ muitos tesouros no pátio.

3. **The boy _____ his mother calling him.** O garoto _____ sua mãe chamando-o.

103

4. **We _____ for our sins.** Nós _____ por nossos pecados.

5. **Someone _____ me to believe in my dreams.** Alguém me _____ para acreditar em meus sonhos.

6. **We _____ a nice birthday party yesterday.** Nós _____ uma bela festa de aniversário ontem.

7. **The bookstore _____ all its Cristina Schumacher books in 5 minutes.** A livraria _____ todos os seus livros de Cristina Schumacher em 5 minutos.

8. **The little girl _____ her dog with care.** A garotinha _____ o seu cachorro com carinho.

9. **He _____ my hand during the flight when there was turbulence.** Ele _____ minha mão durante o voo quando houve turbulência.

10. **The guide _____ the way through the museum halls.** O guia _____ o caminho através dos corredores do museu.

11. **I _____ the exercise in one minute.** Eu _____ o exercício em um minuto.

Answer key *Respostas*

1. said
2. found
3. heard
4. paid
5. told
6. had

7. sold
8. fed
9. held
10. led
11. did

F	H	E	L	D	G	I	C	X	D
S	I	H	E	A	R	D	A	F	F
A	O	O	K	A	T	E	N	O	O
I	E	A	T	N	D	K	E	U	E
D	M	Y	O	I	t	N	C	N	A
Q	U	A	L	G	D	I	E	D	F
E	H	A	D	H	I	F	Y	D	O
P	O	S	D	T	A	E	N	C	Q
A	W	U	R	L	E	D	A	M	L
I	L	L	S	A	P	A	C	T	I
D	B	O	D	Y	V	S	O	L	D

Leia também:
Perguntas no passado: did
Negando no passado: did not

Irregulares que terminam em **-t** no passado

Tradução	Forma-base	Passado
Conseguir	**Get**	**Got**
Iluminar, acender	**Light**	**Lit**
Encontrar	**Meet**	**Met**
Atirar	**Shoot**	**Shot**
Sentar	**Sit**	**Sat**
Construir	**Build**	**Built**
Sentir	**Feel**	**Felt**
Manter	**Keep**	**Kept**
Deixar	**Leave**	**Left**
Emprestar	**Lend**	**Lent**
Perder	**Lose**	**Lost**
Esconder	**Hide**	**Hid**
Enviar	**Send**	**Sent**
Morder	**Bite**	**Bit**

QUOTE TO MEMORIZE
Citação para memorizar

I never met anyone who didn't have a very smart child. What happens to these children, you wonder, when they reach adulthood?

Eu nunca encontrei ninguém que não tivesse um filho muito inteligente. O que acontece com essas crianças, você se pergunta, quando chegam à idade adulta?

FRAN LEBOWITZ

Encontre os verbos no passado no caça-palavras e complete as frases. Use a tabela da pílula para encontrar os significados.

E	I	H	E	R	T	L	E	F	T
L	**O**	**S**	**T**	A	T	E	N	U	C
E	E	E	T	M	D	K	E	H	E
N	M	N	O	E	I	N	C	E	T
T	U	T	L	T	D	H	H	W	N
A	H	T	D	H	T	B	I	T	A
K	E	P	T	T	A	I	D	A	C
C	W	U	R	L	E	D	A	E	N
I	T	I	T	A	P	A	C	P	E
L	I	T	H	B	U	I	L	T	V
W	F	T	O	W	S	Q	A	C	E

1. **I lost my car keys!** Eu _____ as chaves do meu carro!

2. **The bank _____ him some money and he _____ his new house with it.** O banco _____ algum dinheiro para ele e ele _____ a sua nova casa com ele.

107

3. **We _____ 100 candles on our grandfather's 100th birthday.** Nós _____ 100 velas no centésimo aniversário do nosso avô.

4. **I _____ 4 complaint emails and got no replies.** Eu _____ quatro e-mails de reclamação e não recebi resposta.

5. **The police _____ the dangerous criminal in jail.** A polícia _____ o perigoso criminoso na cadeia.

6. **We _____ on a trip to the Caribbean many years ago.** Nós nos _____ em uma viagem para o Caribe muitos anos atrás.

7. **You _____ you car key inside the car!** Você _____ a chave do seu carro dentro dele!

8. **The mad dog _____ the mailperson!** O cachorro louco _____ o carteiro!

9. **The children _____ the frog in the refrigerator.** As crianças _____ o sapo na geladeira.

Answer key *Respostas*

1. lost
2. lent; built
3. lit
4. sent
5. kept
6. met
7. left
8. bit
9. hid

E	I	H	E	R	T	L	E	F	T
L	O	S	T	A	T	E	N	U	C
E	E	E	T	M	D	K	E	H	E
N	M	N	O	E	I	N	C	E	T
T	U	T	L	T	D	H	H	W	N
A	H	T	D	H	T	B	I	T	A
K	E	P	T	T	A	I	D	A	C
C	W	U	R	L	E	D	A	E	N
I	T	I	T	A	P	A	C	P	E
L	I	T	H	B	U	I	L	T	V
W	F	T	O	W	S	Q	A	C	E

Leia também:
Perguntas no passado: did
Negando no passado: did not

Irregulares que terminam em **-ght** no passado

Forma-base	Tradução	Passado
Trazer	**Bring**	**Brought**
Comprar	**Buy**	**Bought**
Pegar	**Catch**	**Caught**
Lutar	**Fight**	**Fought**
Ensinar	**Teach**	**Taught**
Pensar	**Think**	**Thought**

QUOTE TO MEMORIZE
Citação para memorizar

While I thought that I was learning how to live, I have been learning how to die.

Enquanto eu pensava que eu estava aprendendo como viver, tenho estado aprendendo como morrer.

Leonardo da Vinci

Complete as palavras cruzadas identificando os verbos que se encaixam nas frases abaixo:

Across – horizontal

4. **We_____ about all the details of the party to make you happy.** Nós _____ sobre todos os detalhes da festa para fazer você feliz.

Down – vertical

1. **He _____ a terrible cold.** Ele _____ uma gripe terrível.

2. **I _____ presents for everyone!** Eu _____ presentes para todos!

3. **Who _____ that red Ferrari parked outside?** Quem _____ aquela Ferrari vermelha estacionada lá fora?

5. **The man said: It was life that _____ me the most important lessons.** O homem disse: foi a vida que me _____ as lições mais importantes.

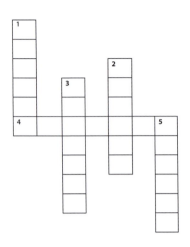

Answer key Respostas

1. caught
2. bought
3. brought
4. thought
5. taught

> Leia também:
> **Perguntas no passado: did**
> **Negando no passado: did not**

Irregulares que terminam em **-ew** no passado

Tradução	Forma-base	Passado
Soprar	**Blow**	**Blew**
Desenhar; tirar	**Draw**	**Drew**
Voar	**Fly**	**Flew**
Saber	**Know**	**Knew**
Arremessar	**Throw**	**Threw**

QUOTE TO MEMORIZE
Citação para memorizar

We knew we were talking about spies. I knew he knew I knew. I was digging my own grave.

Nós sabíamos que estávamos falando sobre espiões. Eu sabia que ele sabia que eu sabia. Eu estava cavando minha própria cova.

CHRISTINE KEELER

Complete as palavras cruzadas identificando os verbos que se encaixam nas frases a seguir:

Across – horizontal

2. **The little girl _____ a blue horse.** A garotinha _____ um cavalo azul.

4. **The wind _____ so hard that some roof tiles are now missing.** O vento _____ tão forte que algumas telhas estão agora faltando.

5. **Sherlock Holmes _____ the solution of all crimes.** Sherlock Holmes _____ a solução para todos os crimes.

Down – vertical

1. **The children _____ the ball into the neighbor's yard.** As crianças _____ a bola no jardim do vizinho.

3. **Some birds _____ in the direction of the setting sun.** Alguns pássaros _____ na direção do sol poente.

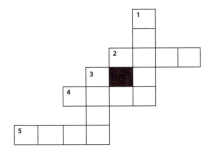

Answer key Respostas

1. threw
2. drew
3. flew
4. blew
5. knew

Leia também:
Perguntas no passado: did
Negando no passado: did not

Irregulares que terminam em **-a** + consoante(s) no passado

Tradução	Forma-base	Passado
Começar	**Begin**	**Began**
Beber	**Drink**	**Drank**
Soar; tocar	**Ring**	**Rang**
Encolher	**Shrink**	**Shrank**
Afundar	**Sink**	**Sank**
Nadar	**Swim**	**Swam**

QUOTE TO MEMORIZE
Citação para memorizar

I began to feel that, in a sense, we were all prisoners of our own history.

Eu comecei a sentir que, em um sentido, nós éramos todos prisioneiros de nossa própria história.

ROLAND JOFFE

Complete as palavras cruzadas identificando os verbos que se encaixam nas frases abaixo:

Across – horizontal

2. **She washed her sweater in warm water and it_____.**
   Ela lavou o blusão dela em água morna e ele _____.

3. **Your cell phone_____, but you were not here.**
   O seu celular _____, mas você não estava aqui.

Down – vertical

1. **The Titanic _____ in 1912.** O Titanic _____ em 1912.

2. **She _____ a lot, and then she began to feel dizzy.**
   Ela _____ muito e então começou a se sentir tonta.

Answer key *Respostas*

1. **sank**
2. **shrank; swam**
3. **rang**

> Leia também:
> **Perguntas no passado: did**
> **Negando no passado: did not**

Irregulares que terminam em **-e** no passado I

Tradução	Forma-base	Passado
Tornar-se	**Become**	**Became**
Vir	**Come**	**Came**
Fazer	**Make**	**Made**
Iluminar	**Shine**	**Shone**
Jurar	**Swear**	**Swore**
Vestir	**Wear**	**Wore**

QUOTE TO MEMORIZE
Citação para memorizar

A star shone at the hour of our meeting.
Uma estrela brilhou na hora de nosso encontro.

J. R. R. TOLKIEN

Complete as palavras cruzadas identificando os verbos que se encaixam nas frases a seguir:

Across – horizontal
4. **She was so happy that her face _____ bright.** Ela estava tão feliz que seu rosto _____.
5. **We _____ good friends after a time.** Nós nos _____ bons amigos depois de um tempo.

Down – vertical
1. **The witnesses _____ to tell the truth.** As testemunhas _____ contar a verdade.
2. **My bus _____ late today.** Meu ônibus _____ tarde hoje.
3. **The princess _____ a beautiful dress for the ball.** A princesa _____ um lindo vestido para o baile.

Answer key Respostas

1. swore
2. came
3. wore
4. shone
5. became

> Leia também:
> **Perguntas no passado: did**
> **Negando no passado: did not**

Irregulares que terminam em **-e** no passado II

Tradução	Forma-base	Passado
Quebrar	**Break**	**Broke**
Escolher	**Choose**	**Chose**
Andar (a cavalo, de moto, bicicleta)	**Ride**	**Rode**
Levantar; ascender	**Rise**	**Rose**
Falar	**Speak**	**Spoke**
Despertar	**Wake**	**Woke**
Comer	**Eat**	**Ate**
Dar	**Give**	**Gave**
Perdoar	**Forgive**	**Forgave**

QUOTE TO MEMORIZE
Citação para memorizar

***I gave** my life to become the person I am right now. Was it worth it?*

Eu dei minha vida para me tornar a pessoa que eu sou agora. Valeu a pena?

RICHARD BACH

Complete as palavras cruzadas identificando os verbos que se encaixam nas frases abaixo:

Across – horizontal

3. **The sun _____ on the horizon at 6 am today.** O sol _____ no horizonte às seis horas hoje.

6. **He never _____ on horseback before.** Ele nunca _____ a cavalo antes.

7. **The waiter _____ me the wrong change.** O garçom me _____ o troco errado.

8. **We _____ in English during the job interview.** Nós _____ em inglês durante a entrevista de emprego.

Down – vertical

1. **The tree branch _____ by itself.** O galho da árvore _____ sozinho.

2. **Who _____ to turn right?** Quem _____ virar à direita?

4. **I _____ everyone who hurt me.** Eu _____ todos que me feriram.

5. **My friend _____ me in the middle of the night.** Minha amiga me _____ no meio da noite.

Answer key Respostas

1. broke
2. chose
3. rose
4. forgave
5. woke
6. rode
7. gave
8. spoke

Leia também:
Perguntas no passado: did
Negando no passado: did not

Irregulares **com terminações diversas** no passado

Tradução	Forma-base	Passado
Cair	**Fall**	**Fell**
Esquecer	**Forget**	**Forgot**
Ir	**Go**	**Went**
Ver	**See**	**Saw**
Agitar	**Shake**	**Shook**
Vencer	**Win**	**Won**

QUOTE TO MEMORIZE
Citação para memorizar

I saw that nothing was permanent. You don't want to possess anything that is dear to you because you might lose it.

Eu vi que nada era permanente. Você não quer possuir nada que é caro para você porque poderá perdê-lo.

YOKO ONO

Complete as palavras cruzadas identificando os verbos que se encaixam nas frases abaixo:

Across – horizontal

1. **I _____ a very strange bird in the sky this morning.** Eu _____ um pássaro muito estranho no céu hoje esta manhã.
3. **I _____ my password again!** Eu _____ minha senha de novo!

Down – vertical

1. **They _____ hands to show everyone they were friends again.** Eles _____ as mãos para mostrar a todos que eles eram amigos novamente.
2. **Our opponents_____.** Nossos oponentes _____.
3. **The old tree _____ by itself.** A árvore velha _____ sozinha.

Answer key Respostas

1. saw, shook
2. won
3. fell, forgot

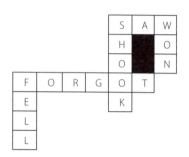

Leia também:
Perguntas no passado: did
Negando no passado: did not

O FUTURO

will

- **Will** expressa futuro. Pode ser traduzido por formas do verbo *ir* no presente em combinação com outros verbos, uma vez que essa combinação também expressa futuro, só que em português apenas.

  I will learn this lesson now. Eu vou aprender essa lição agora.
  She will be a star. Ela vai ser uma estrela.

- **Will** é igual para todas as pessoas: **I**, **you**, **he/she/it**, **we**, **you**, **they**.
- Veja as diferentes posições que **will** + verbo ocupam em afirmações, negações e perguntas.

Afirmações			
They	will	be	**neighbors.** Eles vão ser vizinhos.
1	2	3	
Negações: **will + not = won't**			
He	will not *ou* won't	be	**here on time.** Ele não vai estar aqui a tempo.
1	2 + **NOT**	3	
Perguntas			
Will	they	be	**neighbors?** Eles vão ser vizinhos?
1	2	3	
Won't	he	be	**here on time?** Ele não vai estar aqui a tempo?
1 + **n't**	2	**3**	

- Às vezes **will** e **won't** expressam uma possibilidade futura. Veja as citações abaixo.

QUOTE TO MEMORIZE
Citação para memorizar

Money won't buy happiness, but it will pay the salaries of a large research staff to study the problem.

Dinheiro não pode comprar felicidade, mas pode pagar os salários de uma grande equipe de pesquisa para estudar o problema.

BILL VAUGHAN

America will never be destroyed from the outside. If we falter and lose our freedoms, it will be because we destroyed ourselves.

Os Estados Unidos nunca serão destruídos do exterior. Se nós hesitarmos e perdermos as nossas liberdades, isso será (vai ser) porque nós destruímos a nós mesmos.

ABRAHAM LINCOLN

Coolque **will** ou **won't** + o verbo e o pronome ou nome fornecidos na posição correta conforme o tipo de frase. O verbo está traduzido para cada uso dado no canto superior de cada linha, e o resto da frase, na coluna mais larga.

1. I, stay

ficar

| I | WILL | STAY | here for the night. | …aqui durante a noite. |

2. He, buy

comprar

| | | | a new house? | …uma casa nova? |

3. We, receive

não receber

| | | | any news from him. | …nenhuma notícia dele. |

4. They, be back

retornar

| | | | soon. | …logo. |

5. She, remember

lembrar

| | | | me? | …de mim? |

6. They, take

não atender

| | | | our calls? | …nossas ligações? |

7. João and Maria, be

estar

| | | | lost in the forest. | …perdidos na floresta. |

8. João and Maria's parents, help

não ajudar

			them find their home again. …eles a encontrar sua casa de novo.

Answer key Respostas

2. Will he buy a new house?
3. We will not/won't receive any news from him.
4. They will be back soon.
5. Will she remember me?
6. Won't they take our calls?
7. João and Maria will be lost in the forest.
8. João and Maria's parents will not/ won't help them find their home again.

Leia também a primeira coluna das tabelas das
pílulas que apresentam verbos no passado, pois elas contêm
a forma-base dos verbos, as quais se combinam com **will**.

going to

- **Going to** expressa futuro.
- De um modo geral, **going to** também envolve planejamento e maior controle sobre o que vai acontecer.

> **I'm going to tell you a secret.** Eu vou te contar um segredo.
>
> **It's going to rain.** Vai chover (está trovejando, tem nuvens de chuva no céu etc.).

- Para usar **going to** e expressar o futuro, é preciso usar também o **to be** no presente:

Afirmações		
I	am going to cancel	**tomorrow's meeting.** Eu vou cancelar a reunião de amanhã.
She	is going to learn	**Spanish.** Ela vai aprender espanhol.
Negações		
I	am not going to attend	**tomorrow's meeting.** Eu não vou estar presente na reunião de amanhã.
She	is not going to learn	**Hebrew.** Ela não vai aprender hebraico.
Perguntas		
Are	you	going to cancel tomorrow's meeting?

Aren't*	you	going to attend	tomorrow's meeting?
Is	she	going to learn	Spanish?
Isn't *	she	going to learn	Hebrew?

*Essas perguntas soam como tentativas de confirmação.

- **Going** também é uma forma de **go**:

> **She's going home.** Ela está indo para casa.
> **Things are going ok.** As coisas estão indo bem.

QUOTE TO MEMORIZE
Citação para memorizar

I decided, if I'm going to be poor and black and all, the least thing I'm going to do is to try and find out who I am. I created everything about me.

Eu decidi, se vou ser pobre e negro e tudo, o mínimo que tenho a fazer é tentar descobrir quem eu sou. Eu criei tudo a meu respeito.

ORNETTE COLEMAN

Numere a coluna da direita conforme o original numerado à esquerda:

1	( )
Eu vou começar a estudar outras línguas.	**Won't you stay here longer?**
2	( )
Ela vai realmente comprar uma casa nova?	**He's going to travel to Europe soon.**
3	( )
Eles não vão repassar todos os itens novamente.	**I'm going to start studying other languages.**
4	( )
Você não vai ficar mais tempo aqui?	**My friends are going to throw a party.**
5	( )
Ele vai viajar para a Europa logo.	**They aren't going to go over all items again.**
6	( )
Meus amigos vão fazer uma festa.	**Someone will have to respond for the losses.**
7	( )
Alguém vai ter de responder pelas perdas.	**My parents are going to kill me!**
8	( )
Meus pais vão me matar!	**Is she really going to buy a new house?**

Answer key Respostas

4 – 5 – 1 – 6 – 3 – 7 – 8 – 2

Leia também
to be
will

MODIFICANDO AS AÇÕES

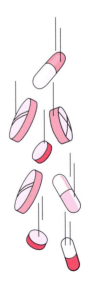

Expressando capacidade: can

- **Can** expressa capacidade, saber fazer. Pode ser traduzido por formas dos verbos *poder*, *saber*, *conseguir* no presente.
- **Can** sempre vem acompanhado de outros verbos ou está associado a outro verbo mencionado anteriormente.

   I can show you how this works. Eu posso mostrar a você como isso funciona.

   They can play the guitar very well. Eles podem tocar violão muito bem.

- **Can** é igual para todas as pessoas, **I**, **you**, **he/she/it**, **we**, **you**, **they.**
- Veja as diferentes posições que **can** + verbo ocupam em afirmações, negações e perguntas.

Afirmações			
She	can	cook	**Chinese food.** Ela sabe cozinhar comida chinesa.
1	2	3	

Negações: **can + not = can't** *ou* **cannot**

I	**can't** **not** *ou* **cannot** stay	**longer.** Eu não posso ficar mais tempo.
1	2 + **NOT**	3

Perguntas			
Can	you	call	**me later?** Você pode me ligar mais tarde?
1	2	3	
Can't	you	see	**I'm busy?** Você não pode ver que estou ocupada?
1 + **n't**	2	3	

QUOTE TO MEMORIZE
Citação para memorizar

We can't solve problems by using the same kind of thinking we used when we created them.

Não podemos resolver problemas usando o mesmo tipo de pensamento que usamos quando os criamos.

Albert Einstein

Coloque **can** ou **can't** + o verbo e o pronome ou nome fornecidos na posição correta conforme o tipo de frase. O verbo está traduzido para cada uso dado no canto superior de cada linha e o resto da frase, na coluna mais larga.

1. She, play

tocar

| She | can | play | **the trumpet.** … tocar trompete. |

2. We, work

trabalhar

| | | | **together on the project.** … juntos no projeto. |

3. They, refuse, not

recusar

| | | | **our offer.** … nossa oferta. |

4. I, tell, not

contar

| | | | **you the truth.** … a você a verdade. |

5. We, talk

conversar

| | | | **now?** … agora? |

6. You, see, not

ver

| | | | **I'm tired?** … (que) eu estou cansado? |

7. You, see, not

ver

| | | | **I want to help you?** … (que) eu quero ajudar você? |

138

8. He, cook, not

cozinhar

			an egg. ... um ovo.

9. The dog, extend

estender

			its paw and "shake hands". ... sua pata e "cumprimentar".

Answer key *Respostas*

2. We can work together on the project.
3. They can't/cannot refuse our offer.
4. I can't tell you the truth.
5. Can we talk now?
6. Can't you see I'm tired?
7. Can't you see I want to help you?
8. He can't cook an egg.
9. The dog can extend its paw and "shake hands".

Expressando obrigação, necessidade:
have to

- **Have to** expressa obrigação. Pode ser traduzido por formas dos verbos/expressões *ter de*, *precisar*, *dever* no presente.
- **Have to** sempre vem acompanhado de outros verbos.

    You have to have time for yourself.
    Você precisa ter tempo para si mesmo.

- **Have to** se comporta nas frases da mesma forma que o verbo **to have**.

    I/We/You/They have to
    He/She/It has to

    I have to explain this clearly.
    Tenho de explicar isso claramente.
    She has to follow my explanations.
    Ela tem de seguir as minhas explicações.

    Do you have to explain everything again?
    Você precisa explicar tudo novamente?
    No, I don't have to explain everything again, just give some more examples.

Não, eu não preciso explicar tudo novamente, apenas (preciso) dar alguns exemplos mais.

Therefore, she doesn't have to follow all my explanations.

Por isso, ela não precisa seguir todas as minhas explicações.

QUOTE TO MEMORIZE
Citação para memorizar

You have to learn the rules of the game. And then you have to play better than anyone else.

Você tem de aprender as regras do jogo. E então precisa jogar melhor do que qualquer outro.

Albert Einstein

Preencha as lacunas com **have to** e **has to** e verifique a tradução na chave de respostas:

1. **Do you _____ work this hard?**
2. **She _____ write a paper about bees.**
3. **They _____ pay fair salaries.**
4. **She _____ wear high heels, but she doesn't like to.**

5. We _____ work late today.

6. Does she _____ wait for a miracle to happen?

7. Your parents _____ believe in what you say. Therefore, you always _____ tell the truth.

8. Does your friend _____ to pay for his studies?

9. We don't _____ accept the first offer we get.

10. She doesn't _____ work overnight to complete her task!

Answer key Respostas:

1. **have to** – Você precisa trabalhar tanto assim?
2. **has to** – Ela tem de escrever um trabalho sobre abelhas.
3. **have to** – Eles têm de pagar salários justos.
4. **has to** – Ela tem de usar salto alto, mas não gosta.
5. **has to** – Nós temos de trabalhar até tarde hoje.
6. **have to** – Ela tem de esperar que aconteça um milagre?
7. **have to / have to** – Seus pais têm de acreditar no que você diz. Por isso, você sempre tem de falar a verdade.
8. **have to** – Seu amigo tem de pagar por seus estudos?
9. **have to** – Nós não precisamos aceitar a primeira oferta que recebemos.
10. **have to** – Ela não precisa trabalhar durante a noite para completar a tarefa!

Leia também
to have